Charles-Louis Philippe

André Gide

Eugène Falguière, Paris, 1911

ANDRÉ GIDE

Charles-Louis Philippe

——

CONFÉRENCE
PRONONCÉE AU SALON D AUTOMNE
LE 5 NOVEMBRE 1910

PARIS
EUGÈNE FIGUIÈRE & Cie ÉDITEURS
7, RUE CORNEILLE, VI°

—

1911

A

VALERY LARBAUD

Charles-Louis Philippe

Par suite d'un malentendu, on ne m'a demandé de tenir cette conférence qu'avec beaucoup de retard ; comme je ne suis rien moins qu'un improvisateur, je n'aurais pas pu accepter de la faire s'il ne s'était agi de Charles-Louis Philippe, et si je n'avais pensé que, pour parler de lui devant vous, un grand amour était plus utile qu'une longue et savante préparation. Je ne chercherai point, du reste, à vous apporter ici des idées originales sur la personne et l'œuvre de Charles-Louis Philippe. N'attendez pas non plus des souvenirs personnels, des anecdotes pittoresques : je ne pense point que Philippe en laisse beaucoup à raconter, pour cette raison que c'était le plus simple des êtres, qu'il ne composait point son personnage et ne prétendait jamais à paraître, parce qu'il se sentait *être* profondément.

Je vais à mon tour essayer de vous peindre très simplement sa figure authentique, de dégager à travers sa vie les quelques traits les plus significatifs, qui, sans doute, aideront à mieux comprendre son œuvre. Une abondante suite de lettres à un ami de jeunesse va m'y aider ; correspondance dont *la Nouvelle Revue française* ne fait que commencer la publication ; l'amabilité du directeur de cette revue m'a permis de prendre connaissance des lettres encore inédites et d'y puiser abondamment.

« *J'appartiens à une génération qui n'a pas encore passé par les livres* », dit-il, en 1903, dans une lettre à Barrès déjà publiée, « *Ma grand'mère était mendiante ; mon père, qui était un enfant plein d'orgueil, a mendié lorsqu'il était trop jeune pour gagner son pain.* » C'est cette grand'mère qu'a peinte Philippe sous les traits de Solange Blanchard, dans cet admirable *Charles Blanchard* inachevé, auquel Philippe travaillait lorsque la mort l'a surpris, en décembre dernier. Son père s'établit sabotier dans le village de Cérilly. C'est là que le petit Louis passe son enfance ; malingre, sensitif à l'excès, blotti frileusement avec sa sœur jumelle, auprès de ses parents. Ceux-ci ne sont pourtant plus dans la misère, et, comme le petit Louis est, lui aussi, « un enfant plein d'orgueil », et qu'au besoin l'orgueil de ses parents suffirait, on songe à lui donner l'instruction qu'il mérite.

« *Mon père est un brave homme qui a travaillé son métier toute sa vie, plein de courage, et enthousiaste aussi. Il a su amasser quelque toute petite aisance qui lui permet de vivre en notre province et de travailler seulement pour se distraire.* »

L'enfant a, du reste, un furieux appétit d'instruction. Tout petit, il joue à « aller à l'école », et un beau jour, de son chef, il se décide à y aller pour de bon. On le renvoie parce qu'il est trop petit. Il s'obstine. De cette obstination pathétique — pathétique parce que toujours contrariée, contrecarrée — il ne se départira jamais.

Il est petit, timide, gauche ; il n'a aucun des avantages physiques qui pourraient suppléer les avantages de la fortune pour lui permettre de réussir. Et, comme sa nature est extraordinairement tendre et affectueuse, on peut dire vraiment qu'il est miraculeusement doué pour souffrir. « *Moi aussi*, dit-il à son ami Henri Vandeputte dès la première lettre, *je suis bien ardent et j'ai des flammes au cœur pour tout ce que je pense et pour tout ce que je fais.* » Et certainement l'enracinement à Cérilly près des siens lui épargnerait beaucoup de souffrances ; mais il faut qu'il vienne à Paris pour devenir Charles-Louis Philippe.

Il prépare l'examen de Polytechnique, y échoue, se retourne vers les ponts et chaussées.

Après avoir espéré misérablement une situation en province, promené, balancé, berné par de soi-disant protecteurs, il entre enfin, à vingt-deux ans, en 96, au service de la Ville de Paris.

En 95, déjà voici ce qu'il écrivait dans un petit journal intime :

Un essai d'analyse du dégoût et de la débâcle intime d'un jeune homme : il est assis dans une grande prostration, une fatigue en son être moral, et un avachissement en son être physique.

Son âme a perdu l'habitude de l'espoir. Des chocs et des élans vers des avenirs ont épuisé sa force vitale, Les faits sans succès de son passé lui ont fait prendre un grand pli de doute à tout, un regard morne qui scrute et ne voit bien que le sombre. Il a la sensation de l'impuissance de son milieu, et même de l'impuissance de lui dans ce milieu. À quoi user les vingt ans ? Les élans intimes viennent buter contre les murs de tous ses doutes et de tous ses savoirs de persécuté (car la folie de la persécution pointe alors). Et sans cesse, il se pose l' « à quoi bon ? » devant tout effort. Son âme est en débâcle, instable, ne sachant par où sortir, et alors son regard acquiert la douleur profonde, hagarde un peu, et basse du chien qui a perdu son maître[1].

Dans la publication que la *Nouvelle Revue Française* commence de ces lettres, je vois qu'on a mis en épigraphe cette phrase très significative d'une lettre à Maurice Barrés : « *Nous n'avons eu d'autre ressource que de nous aimer les uns les autres ; c'est pourquoi j'écris toujours plus tendre que ma tête ne me commandait.* » Ce fut peut-être une sage précaution : abordée par le dehors, le ton de cette correspondance peut surprendre ; il faut songer à ce qu'est devenu Philippe par la suite, à tout ce qu'il a su trouver en lui-même et dégager de force, de volonté, de joie et de résolution, pour que cet apitoiement, ce larmoiement continuel prenne sa vraie signification. C'est qu'à ce moment encore, tout conspire à l'accabler. Il ne s'est pas encore découvert lui-même, n'a pas encore pris conscience de sa valeur — et il ne lui paraît pas possible, devant l'énorme pression indifférente de la société, que la pauvre petite masse de chair dolente qu'il se sent être puisse résister à l'écrasement. Comme Solange Blanchard, c'est dans les larmes qu'il cherche et trouve sa seule volupté. Il parle alors, et presque dans chaque lettre, de « *ce plaisir larmoyant et mélancolique qui est pour moi le plus grand des plaisirs »*.

Et ailleurs :

« La souffrance m'est devenue une manie... Toutes les choses belles, le vent dans les feuilles, le ciel, la nuit, me font souffrir davantage ; je n'ai pas d'amour. Je deviens amer...

» C'est à croire qu'il y a un merveilleux concours de fatalité pour arrêter le bonheur... Rien de la vie ne me réjouit... À quoi bon aimer telle femme, elle ne m'aimera jamais ; à quoi bon faire quoique ce soit, puisque j'ai été mis au monde pour le malheur. »

Parfois, pourtant, déjà un peu d'ironie cherche à poindre, faible encore, aussitôt renoncée :

« Hier y j'ai pleuré comme une bête, j'ai pleuré avec délices, et aujourd'hui, si je n étais pas au bureau quand je t'écris, je pleurerais encore de tout mon cœur. Il y aurait une grande joie, parce que pleurer me décharge de toutes mes douleurs, et en somme me rend très heureux. »

Il retourne à Cérilly pendant les vacances ; mais le départ est plus cruel que l'arrivée là-bas n'était joyeuse. Il y a là, dans ses lettres, des plaintes si intimes que j'aurais quelque pudeur à vous les lire ; il y en a des passages qui ne semblent pouvoir être lus qu'à voix basse...

J'ai parlé tout à l'heure de cette unique volupté que Philippe cherchait dans les larmes : il ne se contente pas, heureusement pour lui et pour nous, il ne se contente pas toujours d'une joie si stérile. Il s'en contente de moins en moins :

« … Pour finir cette description de ton vieil ami sur un ton moins noir, je veux te dire que j'aime beaucoup le travail. Si tu savais comme je m'y attache ! J'en mange tout le jour par avant-goût et le soir je m y mets avec du feu dans la poitrine. C'est un petit coin, le seul petit coin qui me soit resté. »

Le travail n'est d'abord pour lui qu'un étroit refuge, mais que la vaillance de Philippe va savoir élargir de plus en plus. Ne semble-t-il pas entendre parler Dostoïevsky lorsque Philippe dit :

« Je me dégoûte chaque jour plus de ce que j'ai fait jusqu'ici. La forme n%en déplaît jusqu'à l'écœurement ; elle est maladroite et lourde sans profondeur. Il suffit que je la travaille pour quelle soit plus mauvaise et plus contournée encore. Mais, cré Dieu ! que je vais m y appliquer ! C'est d'ailleurs un tel plaisir, travailler ses phrases et ses idées, que le soir, quand je suis dans ma chambre à le faire, j atteins à de grands bonheurs. »

Il écrit alors *la Mère et l'Enfant*.

Puis Philippe a trouvé enfin dans ses lectures plus et mieux que de l'instruction. Pourtant, ses vrais amis, ses frères, il ne les a pas encore découverts. Grâce à ces lettres, avec quel intérêt le suivrons-nous dans ses admirations.

Leconte de Lisle d'abord. (Je ne crois pas qu'il y ait d'exemple de grand prosateur qui n'ait pas commencé par préférer aux prosateurs les poètes.) « *Leconte de Lisle qui a été ma passion folle au collège ; que j'aime encore passionnément.* » Puis Heine, Elskamp, Jammes ; à cette époque, les choses qu'il trouve belles sont avant tout celles qui l'encouragent à pleurer. Cependant il admire beaucoup Mallarmé, qu'il n'est pas toujours bien sûr de comprendre. Dans les *Confessions* de Rousseau, il cherche surtout une sorte de grâce un peu mignarde qui caresse le point le plus tendre de son cœur. Cependant, il écoute de Michelet, depuis longtemps déjà, une exaltation plus saine et un enseignement plus viril ; le réconfort et le secours que Philippe a pu puiser dans les deux intimes petits cahiers de Michelet, *Ma Jeunesse* et *Mon Journal*, deux livres de confidences posthumes, sont la meilleure réponse que l'on peut faire à ceux qui demandent, devant cette publication de la correspondance de Philippe : y a-t-il lieu de chercher à connaître d'un écrivain autre chose que ses œuvres ? Quel intérêt y a-t-il à savoir avec quelle peine elles ont été faites ? À quoi bon ces indiscrétions ? et ainsi de suite.

Plus d'un *jeune* après avoir lu les lettres de Philippe, se sentira moins perdu ; que dis-je ! plus d'un trouvera dans cette correspondance un conseil, un encouragement définitif.

Car brusquement, à travers les plaintes, dominant ensuite les plaintes, un accent tout nouveau éclate. Écoutons ceci : le vrai Philippe va se révéler. Non point qu'il ne fût déjà très personnel et très sincère dans l'avidité passionnée de ses lectures ; mais le voici revenant d'une visite à un ami que des conditions matérielles plus aisées ont aidé à atteindre un degré de culture auquel Philippe n'a pu prétendre… Va-t-il se plaindre, pleurer encore ? Nullement ; il ne se révolte pas non plus. Mais, de toute sa force, dont il semble avoir pris une brusque conscience, il s'oppose. « *En m'interrogeant sans parti pris*, dit-il, *je me trouvais plus beau que lui devant la vie. Loin de moi la pensée de faire mon éloge, je connais très bien les qualités qui me manquent, et il y en a une bonne part que je n acquerrai jamais. Mais je me trouvais supérieure lui, même devant l'art… Toi et moi, nous sommes plus simples, nous avons une vie intérieure plus intense, et c'est notre caractère qui nous dictera nos livres^, et c'est notre émotion qui les gonflera, les fera solides et bons, parce qu'ils seront humains, éternellement. Et puis, X… est trop cultivé. Il ne faut pas connaître trop de choses, ou bien alors il faut avoir un esprit diablement puissant. Anatole France est délicieux, il sait tout, il exprime tout, il est érudit même : c'est à cause de cela qu'il appartient à une race d écrivains qui finit, c'est par là qu'il est la conclusion de la littérature du XIXe siècle. Maintenant, il faut des barbares. Il faut qu'on ait vécu très près de Dieu sans lavoir étudié dans les livres, il faut qu'on ait une vision de la vie naturelle, que l'on ait de la force, de la rage même. Le temps de la douceur et du dilettantisme est passé. C'est aujourd'hui le commencement du temps de la passion.* »

Et il conclut, car, s'il est orgueilleux, il n'a aucune suffisance :

« *J'ignore si, l'un et l'autre, nous serons de grands écrivains, mais ce que je sais bien, c'est que nous appartenons à la race qui va naître, c'est que nous serons au moins Fun des petits prophètes très nombreux qui, peu de temps avant sa venue, annonçaient déjà le Christ et prêchaient déjà selon sa doctrine.* »

Le curieux, c'est que c'est par la culture même qu'il atteint à ce sentiment-là. Du moins, qu'il prend conscience de la *légitimité* de ce sentiment. Savez-vous ce qui s'est passé ? Philippe a rencontré Dostoïevsky. « *J'ai lu l'*Idiot *de Dostoïevsky, Voici l'œuvre d'un barbare* », écrit-il en décembre 1897.

Il écrit alors *Bubu de Montparnasse*.

Messieurs, ne nous laissons pas duper par les mots. Nous savons fort bien qu'il y a une barbarie sinistre, accompagnée de vandalisme, de malhonnêteté, de sabotage, et nous savons fort bien que ce n'est pas de celle-là qu'il s'agit ici. Car, tout comme Philippe, et de la même manière que Philippe, et avec autant de difficulté que Philippe, son frère Dostoïevsky était dévore d'un impérieux, d'un ardent et soucieux désir de culture. Et, non plus que Dostoïevsky, lorsque Philippe s'écrie : « *Le temps de la douceur et du dilettantisme est passé. Maintenant il faut des barbares* » vous entendez bien qu'il n'entend ni brûler le Louvre, ni étouffer les voix du passé, mais bien amener enfin à la parole ce qui, dans l'homme, n'a pas encore parlé. Et j'estime que c'est bien à ce cri que doit aboutir la culture, et qu'elle ne trouve son parachèvement qu'en se renonçant et qu'en s'immolant elle-même.

Il faut pourtant attendre juillet 1898 pour l'entendre dire : « *Il se produit des changements dans mon caractère. Je deviens homme. Je songe souvent à l'avenir. C'est pour cela que je souffre tant de ne pas connaître une femme qui m'aime. Mais, d'un autre côté, je deviens plus ferme et plus volontaire. Je deviens plus carré. Je dis m… en face aux gens qui me déplaisent. J'insiste sur ce côté de mon caractère. Il ne faut pas croire que je suis une bonne petite pâte à tout faire. Je suis un sale oiseau brutal et méchant.* »

Cette conclusion paradoxale ne saurait nous effrayer, car nous lisons sitôt après :

« *Nous avons dû changer beaucoup depuis que nous nous sommes vus. Il me semble que nous sommes moins jeunes, mais que nous sommes plus forts et meilleurs. Nous avons eu bien des peines, en somme, pour arriver à ce jour. Mais je pense que nous sommes bons l'un et ! autre, et que ? nos maux auront servi à nous faire comprendre ceux des autres. Ma vie à moi n'est pas heureuse, mais elle contient une force de résignation, sans amertume comme sans envie. Et puis, au fond, mes tristesses me donnent une espèce de bonheur digne et noir que je voudrais bien mettre dans mes livres. Elle me donne aussi un grand désir de faire le bien.* »

Cette dernière lettre est de mars 1899. Ce n'est qu'en 1900 qu'il découvrira Nietzsche. Il faut bien tout de même qu'il y ait dans Dostoïevsky autre chose que cette simple religion de la souffrance qu'un académicien nous y montrait, car ces deux influences, celle de Nietzsche et celle de Dostoïevsky, poussent Philippe exactement dans le même sens — comme, plus tard nous le verrons, l'influence aussi de Claudel — vers la joie. Écoutons Philippe. Il écrit à son ami Vandeputte le dernier jour de Tannée 1900 :

« *Je suis obligé de récrire tout bas. Je regarde mon vieux Michel-Ange et mon vieux Dante avec des folies dans les nerfs et dans la volonté. Car j'ai lu Nietzsche, à mon ami, et c'est un remède à mes maux, un grand cordial qui me fait fort. J'ai la crise de moi-même. Je veux être moi-même, avec feu, me réaliser comme un orage qui éclate et avec un peu de sécheresse, comme un coup de tonnerre. Comme ceci doit te paraître étrange, et comme ceci m'eût paru étrange il y a quelques mois, alors que je n étais qu'un faible enfant. Je deviens homme maintenant… C'est le changement de ma vingt-sixième année… Je suis devenu beaucoup plus froid, beaucoup moins bon. Je rêve d'écrire des choses substantielles et ramassées comme certaines statues de Rodin. Je voudrais ne plus être joli, mais être solidement beau. J'ai éprouvé pendant quelque temps un grand orgueil et une grande joie y comme il est dit dans la préface de Humain trop humain, et je connaîtrai encore tout cela parce que je veux remporter toutes les victoires sur moi-même. Il y a eu des moments où je goûtais ma solitude comme un triomphe.* »

Et quelques mois plus tard (en mai 1901) il écrit encore :

« *Ton article sur Bubu m'a fait grand plaisir. Mais je te l'ai déjà dit, tu me vois trop comme un homme sensible et pas assez comme un homme fort. Mes amis d'ici, qui me voient tous les jours, savent que je suis un homme fort, avec de la résistance et du courage, et que fat des volontés furieuses.*

« *... Je suis peut-être plus près de Nietzsche que de Dostoïevski.* »

Et enfin, en janvier 1902 :

« *Le cœur va admirablement bien. Depuis six mois, je n'ai pas cessé d'être dans un état de joie insolente. Je me sens fort, courageux, maître de moi-même. Et les vieilles sentimentalités qui débordaient dans mes lettres sont mortes à jamais.* »

Le rétablissement est désormais accompli. Il vient d'achever *le Père Perdrix…*

Messieurs, je m'aperçois que je ne vous ai encore parlé d'aucun des livres de Philippe. La raison en est simple : c'est que je n'ai pu supposer un instant que vous ne les connaissiez pas. Et si même cela était, il me semble que c'est par la connaissance de l'homme que l'on arrive le plus sûrement à la compréhension de l'œuvre.

Si le mot « influence » que j'employais tout à l'heure avait pu inquiéter quelques personnes, la lecture de quelques pages de Philippe les aurait vite rassurées. L'écriture de Philippe ne rappelle aucune autre — et non seulement son écriture, mais la composition de ses livres, mais la tonalité de son émotion, mais la forme naturelle de sa pensée. C'est une des plus fâcheuses idolâtries de notre époque ; la croyance à la génération spontanée du génie. Le plaisant, c'est que ceux qui protestent le plus contre les influences, presque toujours sont ceux qui font partie d'une école ! Au contraire, nul meilleur exemple que Philippe pour justifier ce que j'ai toujours cru, c'est que jamais les forts n'ont redouté ce que les faibles appellent des *influences*, qui ne sont pour les forts que des *exaltations*. Philippe n'a jamais subi, accepté, d'autres influences que celles qu'il sentait lui révéler sa propre force à lui-même. Puis Philippe était d'une nature très riche, qui sentait en lui des possibilités très diverses ; pour lui, une influence nouvelle ne pouvait être que l'occasion d'un nouveau développement. S'il lui arrivait de se dérober parfois à certaines, ce pouvait être provisoirement, par une sorte de méthode et de précaution, ou bien parce qu'il sentait qu'il n'avait aucun profit intellectuel ou moral à en tirer.

C'est dans les avant-derniers temps de sa vie qu'il écouta Claudel, dont la voix forte et bien assurée impressionna profondément Philippe comme elle devait faire de plusieurs d'entre nous.

Il peut sembler paradoxal que cette dernière influence, toute catholique, celle de Claudel, allât dans le même sens que celle de Nietzsche. Mais, de même que dans la lecture de Nietzsche, il trouvait dans celle de Claudel une exultante et fortifiante vertu. Il avait repoussé tour à tour depuis longtemps des écrivains qui d'abord avaient flatté sa tendresse, son goût pour les larmes. Non pas qu'il se fût à proprement parler *endurci* comme il le prétendait lui-même ; mais bien fortifié. Non pas qu'il ne connut plus la pitié ; oui, mais bien cette pitié profonde qui n'a plus rien à faire, ou que de très loin, avec l'apitoiement du début. Non pas qu'il ne connût plus la tristesse, mais bien cette tristesse virile et sévère qui n'empêchait point un énorme effort et un effort victorieux vers la joie. C'est la joie, c'est l'exaltation de cette sauvage santé des souffrants, et des malades, c'est cette santé supérieure conquise, reconquise que déjà lui enseignait Nietzsche.

C'est cette joie énorme, triomphante, non plus tant pathétique que reposée, que solide, assurée, à l'abri, que venait aujourd'hui lui enseigner Claudel. Rien de plus contagieux que la tristesse, mais rien de plus convaincant que la joie. L'exemple de la joie de Claudel a été pour plus d un d'entre nous une chose très saisissante, Philippe sentait en lui une nécessité de bonheur. Quel était donc ce secret qui permettait ainsi le débordant bonheur de Claudel ?

Il me parait évident qu'à ce moment précis Philippe fut bien près de se soumettre au catholicisme. *À quoi sert de résister*, m'écrivait-il alors, *tu sais bien que nous y viendrons tous*[2].

Messieurs, sur ce point délicat je n'ai pas à vous dire ici mon opinion personnelle. Ceux qui ont approché Philippe de plus près et le plus souvent dans ses derniers temps estiment que, de cette influence aussi, il s'était rendu maître et qu'il l'avait enfin traversée, qu'il en était sorti. J'ai tort de dire : « cette influence aussi », car il ne vous échappe pas plus qu'à moi qu'il y a ici quelque chose de plus fort, de plus important et de pire qu'une autorité d'écrivain. Derrière Claudel se cachait, ou plutôt ne se cachait pas l'Église. Je pense rester parfaitement objectif, comme on dit, en avançant que pour cette dernière influence Philippe, après avoir longuement écouté, considéra comme une victoire de ne s'abandonner point. Il lui restait qu'il avait compris, de tout ce repos proposé, le confort, la dignité, la force, la noblesse, et qu'à jamais il ne pourrait plus être voltairien (si tant est qu'il l'eût jamais été), mais enfin, en s'en écartant, il lui parut se reconquérir.

Messieurs, je vous ai dit tout a l'heure que Philippe n'écoutait que ce qui pouvait le pousser à plus de joie, à une explosion de vie plus énergique. Il y a une exception, si singulière et importante, qu'il me tardait d'y arriver. Philippe, dès Tannée 99, recherche et subit à la fois une influence qui s'exercera à l'encontre de toutes les autres. C'est celle de son ami Lucien Jean. Toutes les autres influences n'ont été proprement que des encouragements à soi-même, des renforcements d'énergie : l'influence unique de Lucien Jean fut modératrice. Laissons Philippe nous présenter lui-même la très belle figure de celui qui méritait si bien d'être son ami.

C'est d'abord en janvier 98 :

« *Il y a* (dans le bureau voisin du sien) *un pauvre homme, qui est souffrant, qui est marié à vingt-sept ans et que j'aime pour la pureté de sa vie et la belle clarté de son âme. Je l'en parlerai quelque jour, il deviendra mon ami je crois ; il est très fin, peut-être écrira-t-il de belles choses ; j'en aurais un grand plaisir.* »

Et plus d'un an après :

« *J'ai un autre ami ici, qui travaille dans le bureau voisin, avec une âme bleue et un beau cœur humain... Quand tu viendras à Paris et que tu le verras, tu sentiras combien il est beau, et lorsque tu connaîtras sa vie auprès de sa femme et de ses enfants, tu en rapporteras le souvenir d'un spectacle divin.*

»*...Je vois mon pauvre ami boiteux, toujours malade, travailleur et bon, qui lit, qui médite, qui aime le bon peuple, celui qui gagne sa vie avec de la peine. Nous causons de toutes les choses humaines et il possède une grande âme, très saine, dans laquelle les événements ont leur place, loués ou méprisables suivant leurs qualités de simplicité, de bonté. Son intelligence est claire, profonde et humaine. Bien des fois il est mon guide et mon soutien. Cet homme contient de la lumière. Tous ceux qui voient sa face blonde et ses yeux bleus sentent sa vie et l'aiment. Tu verras. Il a écrit des choses dans l'Enclos qu'il signait Lucien Jean. Je les aime beaucoup. Relis-les.* »

Lucien Jean a quatre ans de plus que lui.

J'aime à ne séparer point ces deux écrivains, Philippe et Jean, dans mon esprit et dans mon cœur. Dirai-je toute ma pensée ? Lucien Jean est sans doute un moins grand écrivain que Philippe ; mais (et pour cela même peut-être) c'est un écrivain plus parfait. Les trop rares pages qu'il nous a laissées (car vous savez qu il est mort peu avant Philippe) sont durables. On les a réunies Tan passé en un volume : *Parmi les hommes*[3] qui, je l'espère, est à côté des livres de Philippe dans la bibliothèque ou sur la table de chacun de ceux qui m'écoutent aujourd'hui. C'est un beau livre, pour lequel Philippe commençait d'écrire une préface, quand la mort est venue l'enlever à son tour.

J'ai eu sous les yeux les notes que Philippe avait prises pour cette préface. Ce qui le préoccupait surtout c'était de montrer comment Lucien Jean était parvenu à l'équilibre parfait de l'intelligence, à la compréhension la plus particulière d'autrui, à la culture, poussé, guidé, par un profond besoin de justice. Et c^est là-dessus qu'insiste également Georges Valois qui, pour cette préface, a pris la plume lorsque l'a laissé tomber Philippe. « *Il avait*, dit-il de Lucien Jean, *une intelligence enveloppante et pénétrante qui saisissait tous les aspects des choses et il possédait un sentiment complet de la justice qu'il mettait en exercice pour toutes les personnes.* »

Il est curieux de lire ce qu'écrit sur *Bubu* celui qui devait être pour Philippe, « *le meilleur des amis et le plus fraternel des maîtres* » (ces paroles sont de Georges Valois) :

…Relisez *Bubu de Montparnasse* : l'auteur écrit d'abord l'histoire d'une petite prostituée : « pauvre petite sainte ! ». Puis il dresse la figure du souteneur, le mauvais esprit de la fille Berthe. — Et parce que Bubu est fort, « petit, mais costaud », Philippe s'éprend de cet homme fort, en fait la figure centrale, qui domine le livre et l'écrase. Le livre oscille entre les deux sentiments. Mais les admirateurs n'hésitent pas : ce sera un livre nietzschéen, il s'appellera *Bubu*, et Philippe sera a l'auteur de *Bubu*[4]

Donc dès *Bubu*, c'est-à-dire dès avant la rencontre de Nietzsche, nous assisterions chez Philippe à la rencontre, au conflit entre la sentimentalité et ce que, pour plus de simplicité, nous appellerons tout de même le nietzschéisme — et au triomphe de celui-ci. Nous allons bientôt assister à un autre conflit plus subtil à la fois et plus grave.

Je ne vous parlerai pas de *Marie Donadieu*, non que je ne considère ce livre comme très important dans l'œuvre de Philippe et des plus révélateurs ; mais il demanderait une étude trop longue et déborderait le cadre de cette conférence. Par contre, je vous demanderai la permission de m'arrêter un peu longuement à *Croquignole*.

C'est au confluent même des deux directions, des deux impulsions, de Nietzsche vers plus de joie et de vie, de Lucien Jean vers plus de justice, qu'il faut situer ce singulier livre. *Croquignole* semble presque l'illustration de cette pathétique rencontre.

Il suffit de lire quelques pages du livre, quelques pages au hasard, pour comprendre l'imprudence qu'il y aurait à y chercher à proprement parler un symbole ; ou du moins n'en faut-il pas réclamer d'autre que celui qui apporte toujours avec soi une peinture à la fois exacte et profonde — celle qui suit une compréhension intime de la vie. Mais tout de même lorsqu'après avoir peint, dans la petite salle étouffée de je ne sais quelle administration, Paulat, l'insignifiant « roi des animaux », Philippe campe auprès de lui Croquignole, et bien en face de Croquignole, Félicien — il m'est bien difficile de ne pas retrouver dans le premier la gourmande et impatiente avidité de joie que je vous ai montrée se développer, lentement d'abord, puis fougueusement chez Philippe — de ne point retrouver en Félicien cette sorte de longanimité résignée, souffrante, mais active dont son ami Lucien Jean, par sa propre figure, par sa vie, par ses écrits, lui avait enseigné la beauté.

Dès avant de nous présenter Félicien, Philippe va nous le montrer à l'œuvre et nous le connaîtrons aussitôt :

Croquignole tendait son poing vers la fenêtre :

— Vous la voyez, elle est encore fermée. Un de ces jours, je lui casserai la gueule.

Mais c'est par différence que l'on juge les hommes. Une après-midi, quelqu'un qui s'appelait Félicien eut une invention. Il descella quelque chose dans un coin ; il y eut toute une part de la fenêtre que l'on put décrocher. Lair entra, si inattendu, si pur et si différent de l'air intérieur, qu'on eût dit qu'il s'engouffrait en sifflant.

D'ailleurs, la fenêtre n'était pas brisée, on pouvait la raccrocher chaque soir. Félicien dit :

— Ce sont les grandes conquêtes. Maintenant, l'air est bien à nous. Vous voyez, Croquignole, qu'il y a mieux à faire que de briser.

Croquignole répondit :

— Je sais, vous réfléchissez, vous. Mais, bon Dieu ! moi j'ai delà viande dans le corps. Que voulez-vous que j'en fasse ? Je ne peux pourtant pas l'employer à penser.

En face l'un de l'autre, Groquignole et Félicien, nous allons les voir assis à une table de café après leur travail de bureau. « *Moi, voyez-vous*, dit Félicien, *lorsque je suis venu au monde, j'étais faible. Dès l'âge de dix-huit ans, j'ai dû choisir un principe ; je n'en fais pas mystère. Tenez, le voici : garde-toi de prendre à la vie plus que tu n'en peux contenir.* »

Oh ! il ne dit pas « demander » à la vie. Il dit « prendre ». Quand on relira plus tard Philippe avec plus d'attention qu'on ne fait encore aujourd'hui, c'est-à-dire lorsqu'on se sera rendu compte qu'il vaut la peine d'être lu avec attention, on remarquera qu'il ne met jamais un mot au hasard.

— « *Vous y je vous vois venir* », dit Groquignole. « *Vous voulez me faire de la morale* » — et il ajoute, car il est bon garçon — « *Vous avez rudement raison : vous ne m'en ferez jamais assez.* » Mais non, Félicien ne fera pas de morale à Groquignole. Il comprend que la morale qu'il s'est faite à lui-même est une morale un peu malingre peut-être, une morale de pauvre — de pauvre qui dira au cours du livre : « *Nous autres pauvres, voyez-vous, nous avons besoin d'avoir raison* » — non il ne fera pas de morale à Croquignole, parce qu'il a pour Croquignole une espèce d'admiration : « *Savez-vous ce que je fais en ce manient ? lui dit-il. Je suis assis en face de vous, et je viens de m'apercevoir que même votre taille est plus élevée que la mienne… J'ai l'impression que chacun de vos organes est assis en face de moi comme une personne et sait se tenir. J'ai l'impression qu'il y en a plusieurs en moi qui sont abattus. Alors je dénombre les autres et je les examine. Ils ne tiennent pas beaucoup de place. Et je me dis en vous regardant : voici la vraie surface humaine !* »

Et ne croyez pas que Croquignole soit un égoïste féroce qui conquiert son bonheur aux dépens des autres, une manière de nietzschéen cynique, comme pouvait l'être Bubu. Non, Croquignole est bon. Félicien vient de connaître un singulier trait de sa vie, qui montre que Croquignole est à l'occasion capable des sentiments les meilleurs, et c'est pour cela qu'aujourd'hui il lui parle :

« *Je vous admirais déjà, lui dit-il. Je savais que la vie, lorsqu'elle entre en vous, ne peut plus sortir et vous mène. Mais je considérais les sentiments comme étant mon domaine. En ce temps-là je croyais faire figure auprès de vous. Comme les gens qui sont seuls, j'ai besoin d'être grand. Et c'est pourquoi vraiment je souffre aujourd'hui… Ma pauvre vie est bien peu de chose à côté de la vôtre qui se répand dans le monde entier. Vous êtes un homme complet. Votre générosité, votre bonté sont aussi fortes que les miennes, et chez vous il y a encore autour d'elles une foule de sentiments que je ne possède pas. »*

Croquignole, assez ému à son tour, mais surtout fort étonné par ce langage, ne trouve à lui dire que cette phrase admirable :

« — Ce qui m'étonne, c'est que j'avais toujours cru qu'il fallait que je réforme ma conduite. »

Et tout d'un coup :

« — Tenez, monsieur Félicien, vous avez raison, j'aime tout et je ne respecte rien. Eh bien ! vous, je vous respecte. »

Voici les personnages posés. Félicien, du reste, ne va jouer aucun rôle (aucun rôle actif dans cette histoire). Comme il sied, il ny en a que pour Croquignole.

Il arrive ceci de très simple : une vieille parente, que personne n'a connue, laisse en mourant 40.000 francs à Croquignole. Ah ! vraiment, il semble que son appétit ait mérité cette aubaine, tant il a faim de tout, en se mettant à table. Car pas ua seul instant il ne songe à l'avenir. Et un bon tiers du livre s'emploie à nous exposer l'exubérance quasi-rabelaisienne, l'avidité élémentaire de Croquignole ; sa faculté d'absorption garde la force et l'irraison d un torrent débordé qui charrie sans choix tout ce qui se présente sur son passage. Et comme Croquignole a bon cœur, il invite à son premier festin ses anciens compagnons de misère, le « roi des animaux », qui refuse, par apathie, Félicien, et un autre — que je ne vous ai pas présenté — Claude, un caractère tout rentré, qui a si longtemps mangé de la misère qu'il n'a plus d'estomac pour le bonheur. Et Croquignole se choisit une femme qu'il idolifie, qu'il vêt, qu'il orne, qu'il farde, qu'il couvre de tout ce qu'un luxe voyant peut offrir à sa triviale magnificence. Croquignole avec Fernande prend des allures de héros d'épopée. Il arrive ce qui était facile à prévoir : c'est qu'en deux ans Croquignole a mangé son petit héritage ; alors, incapable de reprendre la vie de bureau, incapable de se serrer le ventre, il se tue.

Mais le tragique n'est pas là.

Le tragique de *Croquignole* tient tout entier dans une petite intrigue, une aventure de Croquignole, qui tient, elle, dans douze pages du livre. Au retour du festin offert à Félicien et Claude, le soir où Croquignole faisait la connaissance de Fernande, Claude faisait la connaissance d'Angèle ; mais Claude est un timide qui ne croit pas que rien lui soit dû. Angèle est très neuve à la vie, c'est une petite ouvrière indécise, à mi-chemin de la vertu. L'amour de Claude va décider d'elle, en faire une honnête femme, car Claude la respecte et pense finir par l'épouser. Mais elle est la voisine de Fernande ; un jour que celle-ci est absente, Croquignole, qui vient la voir, entre chez la voisine, et sans songer à mal, en attendant Fernande, laisse sa lourde joie s'ébattre en liberté, culbutant l'incertaine vertu de la pauvre petite Angèle.

Il comprend l'énormité de son empiétement, lorsque le lendemain matin il se retrouve en face de Claude — et, croyant comme un enfant qu'il suffit de dire « je ne l'ai pas fait exprès », il éprouve l'urgent besoin de raconter tout à son ami.

Pour tout reproche, Claude lui dira :

— *Quand même, Croquignole, je n'aurais pas cru ça de toi.*

Mais il renonce à voir Angèle, qui se tue.

Ne croyez pas qu'il y ait dans *Croquignole* une leçon, un désir de moralisation ; j'aurais trahi le livre et Philippe si mon récit vous l'avait fait entendre.

Simplement : la joie de Croquignole était décidément un peu débordante. Philippe la comprend, cette joie, s'y associe même — il fallait cela pour la bien peindre. Philippe ne la condamne pas, car son honnêteté d'artiste lui défend d'apporter à son récit une conclusion, une morale — mais tout de même il ne l'approuve pas non plus.

Eh bien ! messieurs, si pressant que soit *Croquignole*, si troublant que soit *Marie Donadieu*. il faut reconnaître que ces deux livres sont loin d'être aussi réussis que *Bubu* et que *le Père* Predrix, et même que cet émouvant récit de *la Mère et l'Enfant*. Moins réussis, et pourtant ils m'étonnent et je les admire encore davantage. Hélas ! ce sont des livres de transition. Ils annoncent précisément ce que Philippe espérait faire, ce que Philippe allait faire. Ce ne sont déjà presque plus des romans, au sens où Ton prend ce mot d'ordinaire. *Charles Blanchard* allait l'être moins encore et d'autant plus gonflé de vie qu'il serait plus dénué d'intrigue. — Quoi d'étonnant si, s'aventurant sans guide, sans maître, sans précédents, dans une matière aussi peu limitée vers une forme aussi neuve, Philippe hésitait et tâtonnait d'abord un peu ?

À ceux dont l'impertinence voulait voir dans *Marie Donadieu* et dans *Croquignole* une régression sur *Bubu* et sur *le Père Perdrix*, je ne puis qu'opposer les Nouvelles que Philippe donnait au *Matin*, en même temps qu'il préparait *Charles Blanchard*. Elles sont aussi parfaites et aussi réussies qu'aucune autre œuvre de Philippe, certes plus réussies dans leur genre que *Croquignole* et que *Marie Donadieu*[5]. Jamais Philippe ne s'est trouvé en plus belle possession de ses moyens. Pourquoi ceux qui Font approché de plus près dans les derniers temps de sa vie ne mettent-ils pas ces Contes en plus haut rang dans son œuvre ? C'est que ce travail morcelé dérangeait Philippe d'une œuvre plus importante, beaucoup plus neuve, et pour cela plus difficile — *Charles Blanchard*.

Messieurs, devant cette œuvre, je m'arrête. Vous en avez tous lu, sans doute, les admirables chapitres qu'en a donnés *la Grande Revue*[6] et, à trois reprises, *la Nouvelle Revue Française*[7].

Il ne me suffit pas de dire que *Charles Blanchard* devait être l'œuvre la plus importante de Philippe (en attendant les œuvres suivantes) ; j'ajoute que cette œuvre, telle qu'elle nous est laissée, déjà parfaite dans son état fragmentaire, me paraît unique et sans équivalent dans la littérature.

Vous exposer ce qu'est *Charles Blanchard,* ce qu'il devait être ; les difficultés secrètes que

Philippe trouvait en lui-même à faire aboutir cette œuvre, à la faire devenir ce qu'il voulait pourtant qu'elle fût : voici qui m'entraînerait à examiner l'œuvre de Philippe, son écriture, ses façons de travail... Il y aurait là de quoi remplir une autre conférence — après laquelle j'estimerais de ne pas avoir encore tout dit.

Mesdames et Messieurs,

Charles-Louis Philippe est mort en décembre dernier, à l'âge de trente-quatre ans, plein de force et de promesses.

Ce n'est pas un discours funèbre que je suis venu prononcer devant vous et combien insuffisante resterait d'ailleurs l'expression de ma tristesse. Je me tiendrai pour satisfait aujourd'hui, si j'ai pu faire sentir à quelques-uns la grande perte qu'avaient faite ici les lettres françaises, et demanderai simplement à Mlle Dussanne de bien vouloir nous lire, avant que nous ne nous séparions, le pathétique poème que Paul Claudel écrivit à l'occasion de cette mort — qui reste pour les amis de Philippe si inexprimablement douloureuse.

(Mlle Dussanne, de la Comédie-Française, voulut bien lire ici le poème de Paul Claudel, paru en tête du numéro du 15 février 1910 de la *Nouvelle Revue Française*, numéro consacré à Charles-Louis Philippe).

Je ne prétends pas avoir tracé ici un portrait complet de Philippe ; ni surtout un portrait définitif. D'autres viendront sans doute, qui sauront, de cette très riche figure, mettre en lumière d'autres traits, tout aussi importants peut-être. Ils vous diront d'abord que Philippe a, de tout temps, beaucoup moins écouté l'enseignement des livres, dont je parle presque uniquement, que celui de la vie ; mais ils m'accorderont, je l'espère, que de cet enseignement il m'était assez difficile de parler ; dans cette conférence du moins.

Et je sens bien, moi aussi, que dans cette conférence, je n'ai guère montré qu'une face de Philippe, et que l'évolution que je raconte se développe sur un seul plan... Malheureusement, les éléments me manquent pour pousser plus avant mon étude ; de sorte que l'on peut presque dire que j'ai plus expliqué comment Philippe est devenu ce qu'il était, que montré précisément l'homme qu'il était enfin. Il me serait difficile aujourd'hui de remédier à ce défaut ; mais du moins je le signale au lecteur.

Enfin, il faut bien se convaincre de ceci : les lettres intimes, si révélatrices qu'elles puissent paraître, culbutent souvent l équilibre de la figure en accentuant à l'excès tel

*trait que le confident était particulièrement apte à chérir.
C'est de la réunion des traits les plus divers qu'est composé
le personnage ; chaque trait, pris à part, trahit. De plus, les
lettres dont il m'a été donné de prendre connaissance
deviennent, à partir de 1900, de plus en plus espacées ;
s'arrêtent à 1902 : Philippe à ce point de sa vie pourra bien
correspondre encore, mais ne ressentira plus ce pressant
besoin d'épanchement qui presse tout adolescent solitaire.
Il se reconnaît solide, hardi ; il écrit à son ami André
Ruijters (décembre 1902) : « Je n'ai que vingt-huit ans. J'ai
montré une face. Attendez donc les autres et rappelez-vous
que j'ai montré la face que j'ai voulu, que j'ai fait
fonctionner mes ressorts et que c'est du courage et de la
force. »*

*D'une lettre que M. Marcel Bay, un des meilleurs et des
plus anciens amis de Philippe, un de ceux qui l'ont le mieux
connu, m'écrit au sujet de cette conférence, j'extrais, avec
sa permission, ces quelques lignes :*

Peut-être donnez-vous un peu trop d'importance à la
« crise catholique » de Philippe. Il n'a pas été, que je sache,
même à mi-chemin d'une conversion. Il enviait à Claudel
moins sa foi que sa force, et regrettait, en soupirant, de ne
pouvoir bâtir comme lui sur la pierre dure. Même dans la
lettre admirable qu'il vous adressait après avoir lu *l'Enfant
Prodigue*, il me semble que c'est au recueillement et à la
ferveur qu'il vous conviait et se conviait lui-même, mais

non pas à la Sainte Table. Il lui suffisait, je crois, de se bien laver du péché de dilettantisme ; les autres péchés ne l'empêchaient pas de dormir.

1. ↑ *Nouvelle Revue Française,* 15 février 1910, P. 320.
2. ↑ Voici plus exactement la phrase : « *Hâte-toi, sois un homme, choisis. Je suis d'avance ce que tu choisiras. Nous le choisirons tous* ». – Mais dans la lettre elle s'éclaire de ce qui la précède, Ne pouvant citer ici toute la lettre, j'ai dû modifier la phrase terminale, légèrement (V. *Nouvelle Revue Française,* n° XIV ; p. 257).
3. ↑ *Mercure de France* (3 fr. 50).
4. ↑ *Parmi les hommes,* p. 314.
5. ↑ De nombreux admirateurs de Ch.-L. Philippe ignorent que ces nouvelles, ou du moins celles d'entre elles qui se passent à la campagne, ont été réunies en un volume : *Dans la petite ville,* paru l'été dernier chez Fasquelle.
6. ↑ N° du 25 juin 1910.
7. ↑ n^os du 1er janvier et du 15 février 1910